LE
BIEN D'AUTRUI

BLUETTE

EN DEUX TABLEAUX

PAR

Ferdinand ACHET.

BOURGES

Imprimerie et Lithographie de A. Jollet Fils

IMPRIMEUR DU THÉATRE.

1860.

LE BIEN D'AUTRUI

BLUETTE EN DEUX TABLEAUX.

LE
BIEN D'AUTRUI

BLUETTE

EN DEUX TABLEAUX

PAR

Ferdinand ACHET.

BOURGES

Imprimerie et Lithographie de A. Jollet Fils

IMPRIMEUR DU THÉATRE.

1860.

PERSONNAGES :

M. DE LORMENIL, propriétaire.......... 35 ans.

Mme DE LORMENIL, sa femme.......... 25 ans.

JULIETTE, leur nièce................... 17 ans.

HENRI VERNOIS...................... 27 ans.

ERNEST DURIEU...................... 27 ans.

JOSEPH, domestique.

LE FAS ET LE NEFAS

BLUETTE EN DEUX TABLEAUX.

LA SCÈNE SE PASSE AU CHATEAU DE LIERMÉNIL.

PREMIER TABLEAU.

UN JARDIN.

A gauche un bosquet ; à droite une serre. Au mur de la serre est accrochée une cage dans laquelle est une perruche.

SCÈNE 1re.

JULIETTE, *arrivant par le fond avec une tasse remplie de graines, montant sur un tabouret en bois qui se trouve près de la cage, qu'elle ouvre pour donner à manger à sa perruche.*

Tenez, mademoiselle, mangez et soyez gentille ; ne renversez pas votre tasse comme hier... Oh ! comme elle dévore ! Pauvre petite, on voit bien qu'elle n'a pas de chagrin !... (*Entendant du bruit, elle se retourne vivement.*) Ma tante !

SCÈNE II.

JULIETTE, Mme DE LORMENIL.

MADAME DE LORMENIL.

Eh bien ! Juliette, tu ne vas donc pas prendre ton chocolat?

JULIETTE.

Merci, ma tante; je n'ai pas faim ce matin.

MADAME DE LORMENIL.

Comment cela se fait-il? Tu t'es pourtant levée plutôt qu'à l'ordinaire. A huit heures, je suis montée dans ta chambre, tu n'y étais déjà plus. J'ai cru, moi, que tu étais partie pour la chasse avec ces messieurs.

JULIETTE, *souriant.*

Oh ! non. D'abord, il aurait été trop tard; je ne me suis levée qu'à sept heures, et ils sont partis à six.

MADAME DE LORMENIL.

Ils ont voulu profiter du beau temps... et puis c'est la dernière partie de chasse que mon mari fera de longtemps.

JULIETTE.

Il est donc toujours décidé à partir pour aller recueillir cette succession à l'étranger ?

MADAME DE LORMENIL.

Oui.... Les papiers qu'il attendait lui sont arrivés hier soir, et il partira demain matin.

JULIETTE.

Et M. Henri?

MADAME DE LORMENIL.

M. Henri retournera chez son père.

JULIETTE.

Et quand reviendra-t-il ?

MADAME DE LORMENIL.

Pourquoi demandes-tu cela ?

JULIETTE, *embarrassée*.

Parce que... je n'en sais rien...

MADAME DE LORMENIL.

Juliette.

JULIETTE.

Ma tante.

MADAME DE LORMENIL.

Est-ce que tu n'as plus confiance en moi? est-ce qu'il faut maintenant que je devine ce que tu as sur le cœur? est-ce que tu crois que je n'ai pas deviné que tu aimais M. Henri?

JULIETTE.

Moi !

MADAME DE LORMENIL.

Oui... et pourquoi ne m'en as-tu rien dit ?

JULIETTE, *pleurant*.

Parce que lui ne m'aime pas, ma tante.

MADAME DE LORMENIL.

Qui te le fait supposer ?

JULIETTE.

Comment! est-ce que tu n'as pas remarqué que, depuis qu'il est ici, c'est à peine s'il m'a adressé la parole... Il est toujours distrait, préoccupé. Quand on lui parle, il a toujours l'air de penser à autre chose qu'à ce qu'on lui dit. Moi, je crois que s'il a accepté l'invitation de mon oncle, et s'il est resté avec nous, c'est par pure politesse; car assurément son esprit est ailleurs, et il n'a pas l'air de s'amuser du tout ici...

MADAME DE LORMENIL.

C'est possible... Cette préoccupation dont tu parles nous a également frappés, ton oncle et moi, sans que nous ayons pu jusqu'ici en découvrir la cause. Peut-être n'est-ce que l'effet de son extrême timidité... peut-être n'ose-t-il pas parler, et il aurait besoin que quelqu'un l'encourageât... et tu comprends que ce n'est pas à nous...

JULIETTE.

Oh! non... d'autant plus que je suis bien certaine qu'il ne m'aime pas...

MADAME DE LORMENIL.

Eh bien! quand cela serait, mon enfant, est-ce une raison pour te désoler? Tu ne serais pas la première qui aurait eu une inclination contrariée, et on n'en meurt pas.

JULIETTE.

Je ne sais pas si j'en mourrai; mais, ce que je sais, c'est que j'ai bien du chagrin.

MADAME DE LORMENIL.

Voici quelqu'un.

SCÈNE III.

JULIETTE, Mme DE LORMENIL, ERNEST.

ERNEST, *saluant*.

Madame, mademoiselle... ces messieurs sont donc partis?

MADAME DE LORMENIL.

Oui, monsieur, et ils ne tarderont sans doute pas à revenir. Est-ce que vous ne deviez pas être de la partie?

ERNEST.

Oui, madame; j'avais dit à mon domestique de me réveiller à six heures : il a oublié la commission et...

JULIETTE.

Et vous ne faites que de vous lever ? vous n'êtes guère matinal.

ERNEST.

Songez donc : le temps de m'habiller et puis il y a encore une bonne trotte de notre château ici — une demi lieue au moins. (*S'amusant à agacer la perruche.*) Pcht... pcht...

JULIETTE.

Voulez-vous bien laisser ma perruche...

MADAME DE LORMENIL.

Si vous vouliez vous rafraîchir, monsieur Ernest ?

ERNEST.

Je vous remercie, madame.

JULIETTE.

Tiens ! cela me fait penser... j'ai oublié de donner à boire à ma perruche ; je vais chercher de l'eau. (*Elle sort.*)

SCÈNE IV.

ERNEST, Mme DE LORMENIL.

ERNEST, *prêtant l'oreille.*

Tenez... nos chasseurs ne sont pas loin ; je crois avoir entendu un coup de fusil... nous verrons si ce pauvre Henri sera plus heureux cette fois que les autres jours. Hier surtout, dans la chasse que nous avons faite ensemble, il a été d'une maladresse ou plutôt d'une étourderie... car souvent le gibier partait à deux pas de lui sans qu'il eût l'air de s'en douter. Il fallait à chaque instant lui crier : hé ! attention !... alors il levait la tête, mais bah !... le gibier était déjà loin. — Après tout, ce n'est pas étonnant ; le pauvre garçon... — quand on a des peines de cœur... *(poussant un gros soupir.)* Je sais ce que c'est, moi !...

MADAME DE LORMENIL.

Monsieur Henri a des peines de cœur ?

ERNEST.

Oui ; le voyant si triste, je lui demandais toujours ce qu'il avait et j'ai fini par lui faire avouer qu'il avait été mordu là *(montrant son cœur)* très mauvaisement. Il couve un amour sans espoir... et je sais ce que c'est. moi, qu'un amour sans espoir !...

MADAME DE LORMENIL.

Et il ne vous a rien dit de plus ?

ERNEST.

Non.

MADAME DE LORMENIL.

Vous ne savez pas pour qui cet amour...

ERNEST.

Non. J'ai supposé d'abord que c'était pour mademoiselle Juliette ; je vous avouerai même que ça me faisait plaisir, parceque je me disais : si elle l'a refusé, tant mieux ! au moins il n'aura pas été plus heureux que moi.

MADAME DE LORMENIL.

Fi !... je vous croyais meilleur cœur que cela, monsieur Ernest.

ERNEST.

Dame ! écoutez donc...

MADAME DE LORMENIL.

Hé bien : cette supposition...

ERNEST.

J'en ai fait part à Henri, qui n'a voulu rien me dire.

MADAME DE LORMENIL.

Mais pourquoi dit-il qu'il aime sans espoir ? La personne ne l'aime donc pas ? Il en est donc sûr ?...

ERNEST.

Dame ! il faut croire... — que voulez-vous que je vous dise ?

(*Juliette entre en ce moment avec une cruche d'eau qu'elle verse dans la tasse de sa perruche*).

MADAME DE LORMENIL, *à part*.

Si c'était Juliette qu'il aime, ce serait étrange qu'il ne s'en fût pas déjà ouvert avec nous.

ERNEST.

Ah ! je disais bien qu'ils n'étaient pas loin, les voilà.

MADAME DE LORMENIL.

Juliette, va dire qu'on apporte ici des siéges ; ces messieurs seront mieux là pour se reposer en attendant le déjeûner.

SCÈNE V.

Mme DE LORMENIL, ERNEST, M. DE LORMENIL, HENRI, *ces deux derniers ont chacun un fusil et une carnassière : la carnassière de Lormenil est pleine , celle de Henri est vide.*

ERNEST, *à de Lormenil.*

Ah ! bravo !... bravissimo !... de plus fort en plus fort. comme chez Ni... (*A Henri*). Et toi... rien dans les mains. rien dans les poches ?

DE LORMENIL.

C'est ma faute... sans moi il aurait tué une grosse pièce.

ERNEST.

Quoi donc ?

DE LORMENIL.

Son chien, sur lequel il allait tirer le prenant pour un lièvre. (*On rit*).

ERNEST, *prenant le fusil et la carnassière de de Lormenil.*

Pauvre bête !... Donnez, monsieur de Lormenil, que je vous débarrasse.

DE LORMENIL.

Ne vous donnez pas la peine...

ERNEST.

Laissez donc ; je vais porter cela là-haut. Votre fusil ferait peur à ces dames... et toi, Henri, donne-moi ton bagage.

HENRI.

Non, merci ; je vais monter avec toi.

ERNEST.

Quoi ! vraiment, tu as failli... Ah ! ce pauvre Tom !... comment diable as-tu donc fait pour... (*Ils s'éloignent en causant*).

SCÈNE VI.

M. DE LORMENIL, Mme DE LORMENIL.

MADAME DE LORMENIL.

Hé bien ! il paraît qu'il est toujours le même ?

DE LORMENIL.

Oui ; toujours aussi rêveur, aussi distrait, mais toujours même réserve, même discrétion, et comme s'il aimait Juliette je ne vois pas pourquoi il en ferait un mystère, d'après l'accueil que nous lui avons fait, j'en suis venu à supposer autre chose.

MADAME DE LORMENIL.

Ah !... Quoi donc ?

DE LORMENIL.

Je crois qu'il est épris d'une femme... charmante sous tous les rapports.

MADAME DE LORMENIL.

Ah ! vous la connaissez ?

DE LORMENIL.

Oui, et l'amour d'Henri est d'autant plus violent qu'il y a entre cette femme et lui, jusqu'à présent du moins, un obstacle terrible.

MADAME DE LORMENIL.

Quel obstacle ?

DE LORMENIL.

Un mari, un mari très-jaloux de ses droits, et qui a eu le tort peut-être de trop montrer sa joie (*prenant la main de sa femme*) de posséder un pareil trésor.

MADAME DE LORMENIL.

Quoi ! vous croyez que M. Henri...

DE LORMENIL.

C'est une idée qui m'est venue ce matin.

MADAME DE LORMENIL.

C'est une folie ; M. Henri ne m'a jamais dit la moindre chose qui puisse faire supposer...

DE LORMENIL.

Ce n'est pas une raison... Henri est très-timide. C'est, de plus, un très-brave garçon, incapable d'une action déloyale, et l'amitié qui nous lie est si étroite, qu'il serait désolé, j'en suis sûr, que l'ombre d'un soupçon pût me venir à son sujet. Il renfermera donc sa blessure en lui-même sans en rien témoigner, jusqu'à ce que le temps ou quelque remède violent ait amorti la plaie de son cœur ; mais j'ai peur qu'il ne faille beaucoup de temps... Ce garçon là paraît bien malade.

MADAME DE LORMENIL.

Qu'il soit malade, et malade d'amour, je ne dis pas ; mais croire que c'est moi...

DE LORMENIL.

Je puis m'être trompé... En attendant, il m'est pénible de penser que je vais partir, faire un voyage si long, sans avoir auparavant pourvu cette pauvre Juliette comme je l'aurais désiré. (*Juliette et Henri paraissent au fond. Derrière eux, Ernest, portant deux chaises de chaque main.*)

SCÈNE VII.

M. DE LORMENIL. Mme DE LORMENIL, JULIETTE, HENRI, *puis* **ERNEST.**

JULIETTE, *à Henri.*

Ainsi, le pays ne vous déplaît pas trop, monsieur Henri?

HENRI.

Je le trouve charmant, mademoiselle.

MADAME DE LORMENIL, *voyant Ernest avec sa pile de chaises.*

Comment, Juliette, tu laisses M. Ernest prendre la peine...

Henri.

Et moi qui ne faisais pas attention... Mon pauvre Ernest...
(*Il l'aide à se débarrasser.*)

Juliette.

Joseph n'était pas là, ma tante, et **M.** Ernest a voulu absolument...

de Lormenil.

Mais c'était inutile; nous ne sommes pas fatigués, et il
vaut mieux au contraire profiter du beau temps pour faire un
tour de jardin.

Ernest, *se disposant à remporter les chaises.*

Alors je vais...

madame de Lormenil.

Non. Laissez, monsieur Ernest, Joseph viendra les prendre.
Vous voudrez bien rester à déjeûner avec nous?

Ernest.

C'est trop de bonté, madame... Alors je vais prévenir ma
mère...

madame de Lormenil.

On va envoyer quelqu'un.

Ernest.

Non. C'est à deux pas. (*Il sort en courant.*)

SCÈNE VIII.

Les mêmes, *moins* ERNEST.

de Lormenil, *bas à Mme de Lormenil.*

Je vais emmener Juliette. Pendant ce temps, tâche de faire

causer Henri, et que nous sachions à quoi nous en tenir. (*A Juliette.*) Viens-tu, Juliette?

JULIETTE.

Est-ce que ma tante et M. Henri ne viennent pas avec nous?

DE LORMENIL.

Non... ils ont à causer.

SCÈNE IX.

HENRI, Mme DE LORMENIL.

HENRI.

Vous avez à me parler, madame?

MADAME DE LORMENIL.

Oui. Mon Dieu! vous allez me trouver peut-être bien indiscrète, monsieur Henri; mais ne voyez dans mes questions qu'une marque de l'intérêt bien naturel que vous nous inspirez à tous. Fils d'un homme qui fut autrefois le protecteur de mon mari, et dont le souvenir nous est toujours cher, vous vous recommandez encore à nous par des qualités d'esprit et de cœur qu'on ne saurait trop apprécier. Aussi avez-vous une grande part dans notre estime et notre affection, et nous nous associerons toujours à vos joies et à vos chagrins.

HENRI.

Je sais, madame, quelle bienveillance j'ai toujours rencontrée dans votre maison; croyez que ma reconnaissance...

MADAME DE LORMENIL.

Je ne vous demande pas de remerciments, monsieur... vous ne nous en devez pas, et nous ne voulons qu'une chose, c'est que vous soyez aussi heureux que vous le méritez.

HENRI.

Madame...

MADAME DE LORMENIL.

Et comme depuis votre arrivée ici vous nous semblez triste, préoccupé, nous vous demandons avec anxiété ce que vous pouvez avoir... La dernière lettre que vous avez écrite à mon mari, il y a huit jours, pour lui annoncer votre arrivée, était empreinte de la plus franche gaîté. Vous vous faisiez une fête des parties de chasse projetées entre mon mari, M. Ernest et vous. Vous arrivez, et dès le lendemain nous remarquons en vous, dans vos manières, un changement complet; vous devenez sombre, taciturne... Est-ce donc un chagrin que vous ne pouvez nous confier et ne pouvons-nous rien faire pour vous?

HENRI.

Mon Dieu, madame... pardonnez-moi — je suis naturellement distrait et rêveur, et cela m'empêche quelquefois de répondre comme je le devrais aux bontés, aux attentions que l'on a pour moi, mais croyez...

MADAME DE LORMENIL.

Voyons... faut-il vous aider ?... nous savons déjà une partie de votre secret. Est-ce que mon mari n'a pas autant de droits à votre confiance que M. Ernest ?

HENRI.

Ernest vous a dit...

MADAME DE LORMENIL.

Que la cause de votre chagrin était un amour sans espoir.

HENRI.

Ah ! madame... vous en savez trop maintenant pour que je vous taise plus longtemps l'autre moitié de mon secret, que vous avez peut-être déjà deviné du reste... Hélas ! oui. — De Lormenil a eu une malheureuse inspiration en m'invitant à venir passer ces derniers jours à sa campagne. — Il a à jamais troublé mon repos, détruit le bonheur de ma vie, car depuis le premier instant où je vous ai vue, madame, le démon de la jalousie s'est emparé de moi, et le remords me déchire.

MADAME DE LORMENIL.

O mon Dieu !...

HENRI.

Oh ! ne craignez, rien, madame, je pars aujourd'hui, vous ne me reverrez plus et personne, car vous ne direz rien à de Lormenil, n'est-ce pas ? à quoi bon ? personne que vous ne saura ce secret que j'espère bientôt emporter dans la tombe... oui !... plutôt la mort que les souffrances que j'endure !...

MADAME DE LORMENIL.

Malheureux ! vous ne voulez pas, je pense, attenter à vos jours ?

HENRI, *sombre*.

Non.

MADAME DE LORMENIL.

Jurez-le moi... promettez-moi que vous vivrez, que vous combattrez cette folie, car ce n'est qu'un moment de fièvre que le temps et l'absence dissiperont.

HENRI.

Non. Ne l'espérez pas. Le temps et l'absence ne feront qu'augmenter mon mal, je le sens, et mon seul espoir est dans l'excès même de ma douleur...

MADAME DE LORMENIL.

Mon Dieu !... qui pouvait s'attendre... mais non... vous allez retourner à Paris où le bruit du monde, les distractions... Songez donc !... si un malheur vous arrivait ! et quand je pense que c'est moi qui ai insisté pour que mon mari vous

priât de venir passer ici ces derniers jours avant son départ!..
Mon Dieu!... mon Dieu!... je ne me le pardonnerais jamais...

HENRI.

Ah ! madame, tant de bonté... Oui, je connais toute la noblesse de votre cœur et soyez tranquille je ferai mon possible pour combattre cette malheureuse passion , pour en triompher... mais je ne l'espère pas...

MADAME DE LORMENIL, *à part.*

Pauvre Juliette !... (*On entend Juliette crier :* Monsieur Henri ! Monsieur Henri !)

SCÈNE X.

HENRI, Mᵐᵉ DE LORMENIL, M. DE LORMENIL.

DE LORMENIL.

Ne crains donc rien... petite folle.

HENRI.

Qu'est-ce donc ?...

DE LORMENIL.

C'est ton chien qui joue avec l'épagneul de Juliette ; va donc l'arrêter, car Juliette est dans le cas d'en faire une maladie.

SCÈNE XI.

M. DE LORMENIL, Mᵐᵉ DE LORMENIL.

DE LORMENIL.

Hé bien! avais-je deviné juste.

MADAME DE LORMENIL, *après un silence.*

Oui...

DE LORMENIL.

Diable ! Et je découvre cela au moment où je vais partir, faire une absence de plusieurs mois peut-être.... Sais-tu qu'à ma place beaucoup resteraient... C'est un garçon fort séduisant.

MADAME DE LORMENIL.

C'est bien le moment de plaisanter... ce pauvre jeune homme ne parle rien moins que de mourir...

DE LORMENIL.

Il veut se tuer ?

MADAME DE LORMENIL.

Non. Mais il espère que le chagrin le tuera.

DE LORMENIL.

Bah !

MADAME DE LORMENIL.

Oh ! il est plus sérieusement malade que vous ne pensez...

DE LORMENIL.

Mais je le crois très-malade, parbleu !... Je l'observais pendant ces dernières chasses que nous avons faites ensemble, et ce matin surtout j'ai découvert en lui des symptômes effrayants... Par moments, il me regardait avec des yeux..... Diable ! s'il m'avait pris, moi aussi, pour un lièvre.

MADAME DE LORMENIL.

Et vous ne me disiez pas cela ?

DE LORMENIL.

Si... je te l'ai dit.

MADAME DE LORMENIL.

Mais c'est affreux, une maladie pareille. Est-ce que vous croyez qu'il n'y aurait pas moyen de le guérir ?

DE LORMENIL.

Cela dépend des caractères... il y en a pour qui c'est l'affaire de quelques jours, de quelques mois... il y en a d'autres, au contraire... Comment diable cela lui est-il venu ?... Est-ce qu'un homme sensé devrait songer à s'amouracher d'une femme mariée et honnête... comme toi... Mais voilà, c'est précisément cet obstacle qui est là, c'est ce mari qui vous offusque, qui vous rend la femme d'autant plus attrayante... On ne désire rien tant que ce qu'on ne peut pas avoir. J'ai connu un jeune homme, moi, qui se mourait d'amour pour une femme mariée... Il en était devenu maigre à faire peur. La dame est devenue veuve ; je cours lui apprendre cette nouvelle, il me saute au cou. Trois mois après, je le rencontre frais et bien portant. Je lui demande des nouvelles de sa passion, il ne savait plus ce que je voulais dire.

MADAME DE LORMENIL.

Puisse la passion de M. Henri être de celles qui guérissent promptement ! En attendant, il n'y a plus à songer à lui pour Juliette, et cette pauvre enfant l'aime très-sérieusement.

DE LORMENIL.

Bah !... nous la consolerons.

MADAME DE LORMENIL.

Ce ne sera pas facile.

DE LORMENIL.

Enfin, nous verrons... je réfléchirai. Ne dis toujours pas à Juliette ce qui en est.

MADAME DE LORMENIL.

Certainement non.

DE LORMENIL.

Amène-la tout doucement... ou plutôt non, si tu crains de

lui faire trop de peine, ne lui dis rien... Plus tard... on ne sait pas... (*Il réfléchit.*) Nous voilà bien !... mais morbleu Henri est un fou. Tu es charmante, c'est vrai... mais ta nièce n'est pas à dédaigner... Il y a chez elle une grâce, un enjouement, et en même temps une douceur... (*Bruit au dehors.*) Qu'est-ce donc ?...

SCÈNE XII.

LES MÊMES, ERNEST, JULIETTE, HENRI (1).

JULIETTE, *à Ernest*.

Vous êtes un maladroit... Tenez, je vous déteste...

ERNEST.

Ah ! mademoiselle, moi qui vous aime tant.

JULIETTE.

Je vous demande un peu... comme si les allées n'étaient pas assez grandes... C'était bien la peine d'écraser cette pauvre marguerite.

ERNEST.

Je venais en courant ; j'avais peur d'être en retard... Après tout, une marguerite, ce n'est pas si grand chose... Henri, l'autre jour, a détruit comme cela, devant vous, votre plus beau dahlia, et vous n'avez rien dit.

JULIETTE. *rougissant*.

Ce n'est pas vrai... et puis, d'ailleurs, est-ce que cela vous regarde ?

MADAME DE LORMENIL.

Juliette !...

DE LORMENIL, *bas à Mme de Lormenil*.

Je crois qu'il ne faut pas compter sur M. Ernest pour chasser le souvenir d'Henri.

----

(1) De Lormenil, Mme de Lormenil, Juliette, Ernest, Henri.

JULIETTE, *bas à Mme de Lormenil.*

Est-il sot, ce M. Ernest... Voilà M. Henri, maintenant, qui va se douter...

MADAME DE LORMENIL, *regardant Henri, qui est absorbé dans sa rêverie.*

Rassure-toi, va, il n'a rien entendu.

JULIETTE.

Quand vous avez causé ensemble tout à l'heure, il ne t'a pas parlé de moi?

MADAME DE LORMENIL, *après un silence.*

Non...

JOSEPH, *arrivant.*

Madame est servie.

HENRI, *offrant son bras à Juliette.*

Mademoiselle. (*Ils sortent.*)

ERNEST, *à Mme de Lormenil.*

Madame. (*Ils sortent.*)

DE LORMENIL, *seul.*

Voilà un amour qui a bien mal pris son temps et qui vient tout déranger... le bonheur de Juliette, mon repos à moi ; mais quand ce ne serait que par charité pour lui, il faut absolument que je trouve un moyen... Le raisonner, ce serait perdre son temps...

JOSEPH.

Monsieur, on vous attend.

DE LORMENIL.

J'y vais, j'y vais... (*A lui-même.*) Peste de l'étourneau.

JOSEPH.

Tiens, qu'est-ce qui lui prend donc?... Voilà déjà mademoiselle qui vient de me faire une scène affreuse parce que j'ai marché sur la patte de son chat. Tiens, pourquoi vient-il se fourrer dans mes jambes. Du reste, je ne sais pas ce qu'elle a aujourd'hui. (*On entend la voix de Juliette qui crie :* Joseph ! Joseph !) Voilà ! voilà !

SCÈNE XIII.

JOSEPH, ERNEST.

ERNEST.

C'est pour vous dire de monter ces quatre chaises. Attendez, je vais vous aider. (*Il prend les quatre chaises et les emporte.*)

JOSEPH, *le regardant.*

Est-il complaisant, ce M. Ernest... c'est la crème des hommes... Ah! s'il voulait me prendre à son service! (*Croisant les bras.*) Quel plaisir de servir un maître comme ça!

FIN DU PREMIER TABLEAU.

DEUXIÈME TABLEAU.

UN SALON.

SCÈNE Ire.

Mme DE LORMENIL, JULIETTE, *assises et travaillant.*

JULIETTE.

Quelle envie avait donc pris à **M.** Henri de faire un si long voyage ? Où était-il déjà quand il a reçu ta lettre ?

MADAME DE LORMENIL.

A Naples.

JULIETTE.

Et c'est de là qu'il t'a répondu, en te disant qu'il serait ici presque aussitôt que sa lettre ?

MADAME DE LORMENIL.

Oui.

JULIETTE.

Qu'allait-il donc faire si loin ?... Est-ce qu'il allait aussi recueillir une succession?

MADAME DE LORMENIL.

Non. C'était un voyage d'agrément.

JULIETTE.

Ah ! (*Après un silence.*) Ne l'as-tu pas prié comme moi de garder le secret sur la mort de mon pauvre oncle?

MADAME DE LORMENIL.

Oui...

JULIETTE.

Pourquoi donc ?

MADAME DE LORMENIL.

Je t'ai déjà dit que tu le saurais plus tard. Comme tu es
curieuse !...

JULIETTE.

Quand M. Henri viendra, ne va pas lui dire au moins combien j'ai pleuré et combien j'ai été malade.

MADAME DE LORMENIL.

Sois tranquille.

JULIETTE.

Si la nouvelle de la mort de mon pauvre oncle n'était pas
venue faire un peu diversion à mon chagrin, — et puis il y a
une pensée, je puis bien te dire cela aujourd'hui, une pensée
qui me navrait. — En me rappelant combien M. Henri était
triste dans le dernier voyage qu'il a fait ici, l'idée m'est venue
qu'il avait peut-être, lui aussi, un chagrin de cœur ; — qu'il
aimait peut-être une autre femme et que j'allais, d'un jour à
l'autre, apprendre son mariage. — Oh !... cela m'a fait bien
mal... — mais tu m'as rassurée, ma bonne tante ; tu m'as
dit qu'il était possible qu'il ne m'aimât pas encore, mais que
bien sûr il ne songeait pas à en épouser une autre. — Tu m'as
dit cela, n'est-ce pas ?...

MADAME DE LORMENIL.

Oui... ma chère enfant.

JULIETTE.

Ne te trompais-tu pas ?... Comment sais-tu que M. Henri
n'a pas une inclination d'un autre côté ?

MADAME DE LORMENIL.

Mon Dieu, ma chère Juliette, ne te fatigue donc pas l'esprit continuellement comme tu le fais. — Est-ce que tu vas encore te rendre malade ? — Je mets les choses au pis : — J'admets qu'il te faille à tout jamais oublier M. Henri. — Hé bien ? voyons : est-ce qu'il faudrait pour cela te laisser mourir de chagrin ? — Es-tu donc une enfant et ne vois-tu pas la peine que tu me fais ? — Est-ce que tu crois que ton bonheur ne m'est pas aussi cher que le mien, et que, si cela dépendait de moi... (*très-émue.*) Oh ! c'est bien mal à toi, je t'assure, de n'avoir pas plus de raison que cela...

JULIETTE.

Ma bonne tante... — Hé bien... non ! Voyons : j'ai tort, n'en parlons plus. Je veux désormais me laisser guider par toi. Quand M. Henri viendra, ce sera toi, toi seule qui le recevras, et d'après ce qu'il t'aura dit, si tu ne juges pas à propos que je le voie... hé bien... il partira sans que je l'aie revu. Là !... es-tu contente ?

MADAME DE LORMENIL.

Ma bonne Juliette !... (*On annonce : M. Henri*).

JULIETTE.

C'est lui !... ah ! je ne m'attendais pas...

MADAME DE LORMENIL.

Tu oublies déjà...

JULIETTE.

Non, je me sauve.

MADAME DE LORMENIL.

Faites entrer.

SCÈNE II.

Mme DE LORMENIL, HENRI.

MADAME DE LORMENIL.

Enfin ! vous voilà, monsieur Henri ? Quand nous avons reçu votre lettre, nous commencions, ma nièce et moi, à désespérer de vous revoir.

HENRI.

Ah ! madame... je suis confus... croyez que si j'avais pu prévoir le malheur qui vous est arrivé... — mais, comme je vous l'avais annoncé, j'avais entrepris un long voyage, et, comme vous avez vu, j'étais déjà bien loin d'ici quand m'est arrivée la nouvelle.

MADAME DE LORMENIL.

Vous n'en avez parlé à personne ?

HENRI.

Non, madame.

MADAME DE LORMENIL.

Je vois avec plaisir que vous avez rapporté meilleure mine de votre voyage. — Vous êtes probablement tout à fait guéri et je vous en félicite.

HENRI.

Ah ! madame... — Vous vous trompez. — La plaie est aussi vive que lorsque je vous ai quittée il y a trois mois. — Seulement...

MADAME DE LORMENIL.

Seulement ?...

HENRI.

Seulement, madame. depuis que j'ai appris que vous étie

veuve, un espoir m'a soutenu, — et pardonnez-moi si je vous en parle dès ce moment ; j'aurais peut-être dû attendre encore, ménager votre douleur trop récente. — Je sais trop quelle tendre affection vous aviez pour l'ami dévoué que vous venez de perdre, — mais c'est au nom de cette même affection que je vais vous parler ; c'est parceque je sais combien ses désirs étaient sacrés pour vous que je m'enhardis à vous faire part de celui qu'il m'a exprimé lors de notre dernière entrevue. — « Henri, m'a-t-il dit ; si, contre toute attente, un malheur m'arrivait en route, mon plus grand chagrin, en mourant, serait de penser que ma femme, si jeune encore, se remarierait et m'oublierait pour un autre, à moins...

MADAME DE LORMENIL.

A moins que cet autre ne fut vous. — Je le sais, monsieur, car il m'en avait dit autant de mon côté.

HENRI, *vivement*.

Ah ! ainsi, vous le saviez, quand vous m'avez écrit pour me prier de me rendre près de vous ?

MADAME DE LORMENIL, *baissant les yeux*.

Oui, monsieur... (*Elle tousse violemment*).

HENRI, *à part*.

Quel espoir !... (*haut.*) Ainsi, vous ne me défendez pas d'espérer que, plus tard...

MADAME DE LORMENIL.

Est-ce que vous pensez rester dans les mêmes idées ?... Songez-donc, monsieur Henri, que j'ai vingt-cinq ans, et que dans un an je serai déjà une vieille femme...

HENRI.

Ah ! madame... vous me connaissez mal, si vous pouvez penser ..

MADAME DE LORMENIL, *toussant.*

Ah! mon Dieu! voilà encore cette maudite toux qui me reprend. Si cela continue, je croirai que je suis décidément atteinte de la poitrine...

HENRI.

Vous, madame, avec ce teint si frais, ces couleurs si vives...

MADAME DE LORMENIL.

Est-ce que c'est une raison?... On voit bien que vous n'êtes pas médecin.

HENRI.

Est-ce que le vôtre vous a dit...

MADAME DE LORMENIL.

Vous savez bien comme ils sont tous, ils ne disent que ce qu'ils veulent bien dire. Tenez, voilà le froid qui me prend aux pieds... Voudriez-vous bien m'avancer ce tabouret?... Merci. Maintenant, voudriez-vous sonner?... Je vous demande pardon de vous traiter aussi... en ami...

HENRI, *qui est allé sonner.*

J'en suis ravi, madame, et je vous en remercie.

MADAME DE LORMENIL, *à Joseph, qui entre.*

Apportez-moi ma potion de tous les matins.

JOSEPH, *étonné.*

Votre potion?

MADAME DE LORMENIL.

Oui. Demandez à Jeannette, elle vous la donnera.

JOSEPH, *à part, en s'en allant.*

Tiens, depuis quand donc est-elle malade? *(Il sort sans fermer la porte.)*

MADAME DE LORMENIL. *portant la main à son front.*

Et avec cela une migraine affreuse. (*Se retournant et voyant
la porte ouverte.*) Ah! mon Dieu! je vous demande pardon,
monsieur Henri, mais cet étourdi de Joseph a laissé la porte
ouverte, et je sens un froid...

HENRI, *à part, allant fermer la porte.*

Un froid! de ce temps-ci!...

MADAME DE LORMENIL.

Je suis confuse, monsieur, de me montrer à vous sous des
dehors aussi peu gracieux. J'abuse peut-être de l'amitié que
je sais que vous avez pour moi.

HENRI.

Je vous répète, madame, que je suis trop heureux de vous
témoigner... D'ailleurs ce malaise ne durera pas, il faut l'espérer... C'est la suite de la secousse que vous avez éprouvée
dans ces derniers temps, car avant je ne sache pas que vous
ayez jamais été malade.

MADAME DE LORMENIL.

Si... une fois entre autres, la première année de mon mariage... Je me rappellerai toujours les soins empressés, les attentions délicates de mon pauvre Hector!... Il a passé plusieurs nuits dans ma chambre, au chevet de mon lit, sans
fermer l'œil... J'avais beau le prier de me laisser, de prendre
un peu de repos...

HENRI, *avec une nuance d'impatience.*

Madame, pourquoi rappeler ces souvenirs qui ne peuvent
qu'augmenter votre mal.

MADAME DE LORMENIL.

Oui... je comprends... ces détails vous ennuient; mais,
pour moi, je me les rappellerai toujours avec bonheur.

HENRI, *à part.*

Merci...

MADAME DE LORMENIL.

Décidément j'ai eu tort de vous faire fermer cette porte...
je trouve qu'on étouffe ici... et si vous vouliez...

HENRI, *allant ouvrir la porte, à lui-même.*

C'est singulier... enfin...

MADAME DE LORMENIL.

Je suis sûre que vous me trouvez bien capricieuse et bien
sans gêne; mais il faut me pardonner... j'ai été habituée à
être si gâtée par mon pauvre mari...

HENRI, *à part.*

Encore !...

MADAME DE LORMENIL.

Il était si bon, si complaisant... A propos, j'attends aujourd'hui le fils de nos voisins de campagne, M. Ernest ..On
m'a annoncé sa visite... C'en est encore un qu'on peut citer
pour sa complaisance... Quel bon jeune homme !... il est
comme vous...

HENRI, *à part.*

Merci de la comparaison ! où a-t-elle donc la tête aujourd'hui ?

MADAME DE LORMENIL.

Il est très-épris de ma nièce, et je ne sais pas pourquoi ma
nièce, jusqu'ici, lui a toujours fait mauvais accueil. Et, à ce
propos, vous devriez me rendre un service.

HENRI.

Parlez, madame.

MADAME DE LORMENIL.

Voilà Juliette en âge d'être mariée. et nous n'avons pu,

jusqu'à présent, la décider pour aucun parti. Voyez-la donc et tàchez de la décider pour M. Ernest. Vous le connaissez ; vous savez mieux que personne que ce parti-là lui conviendrait parfaitement.

HENRI.

Permettez, madame ; ce n'est peut-être pas là tout-à-fait mon avis.

MADAME DE LORMENIL, *à part, avec un sourire de satisfaction.*

Ah !

HENRI, *continuant.*

Autant que j'ai pu juger du caractère et de l'esprit de Mlle Juliette, elle est trop bien pour Ernest.

MADAME DE LORMENIL.

Vous trouvez ?

HENRI.

Cependant, si c'est votre désir, comme après tout Ernest est mon ami, je ne demande pas mieux que de plaider pour lui et de travailler avec vous à l'union de ces deux jeunes gens ; mais si vous me chargez d'une mission si... paternelle, madame, c'est donc que de mon côté je puis espérer...

MADAME DE LORMENIL.

Nous en recauserons. Vous avez un an devant vous .. c'est plus qu'il ne vous en faudra sans doute pour changer d'avis...

HENRI.

Je ne crois pas, madame.

MADAME DE LORMENIL, *à part.*

Et moi j'espère bien que si...

HENRI.

Vous parliez de mes qualités, madame. mais elles n'ont rien

de comparable aux vôtres, et soyez bien certaine que ma ten-
dresse pour vous... (*En ce moment entre Joseph, une tasse à
la main.*)

SCÈNE III.

LES MÊMES, **JOSEPH**, *une tasse à la main.*

JOSEPH, *qui a entendu les derniers mots d'Henri, à part.*

Oh!...

MADAME DE LORMENIL, *bas à Henri, en lui montrant Joseph.*

Chut!... (*Haut, à Joseph.*) Allons, dépêchez-vous donc! ce
garçon est d'une lenteur!...

JOSEPH.

Voilà, madame. (*Il fait un faux pas et vient verser le con-
tenu de la tasse sur la robe de Mme de Lormenil.*)

MADAME DE LORMENIL, *à part.*

A merveille! (*Haut.*) Eh bien! êtes-vous fou?... Vilain ma_
ladroit... il n'en fait jamais d'autres.

JOSEPH.

Mais, madame...

MADAME DE LORMENIL.

Taisez-vous !... voilà une robe perdue, maintenant.

JOSEPH.

Mon Dieu ! madame...

MADAME DE LORMENIL.

Taisez-vous ! ou je vous chasse !... Essuyez vite ce par-
quet !... — Il faut que j'aille changer de robe. — Excusez-
moi, monsieur Henri. Si vous voulez, pendant ce temps, faire
un tour de jardin... (*Elle sort à droite*).

HENRI.

J'y vais, madame. *(à part.)* Moi qui la croyais si douce !...
(Il sort par le fond).

SCÈNE IV.

JOSEPH, *seul.*

Ah ! çà, je n'en reviens pas : me rudoyer ainsi, devant un étranger, elle la douceur même... — Ah ! il faut croire tout de même qu'elle est malade...

SCÈNE V.

JOSEPH, JULIETTE, *entrant par la porte de gauche.*

JULIETTE.

Qu'est-ce donc, Joseph, et d'où vient ce bruit que j'ai entendu ?... — Où est donc ma tante ?

JOSEPH.

Votre tante ?... — Elle est dans sa chambre à changer de robe, parceque j'ai eu le malheur de répandre une goutte d'eau dessus. — Elle s'est mise d'une colère à ne plus la reconnaître.

JULIETTE.

Ma tante ?... — Et monsieur Henri ?

JOSEPH.

Ah ! monsieur Henri, il est dans le jardin qui se promène. — A propos, mademoiselle, vous ne savez pas ?... — Ce n'est pas étonnant si M. Henri, comme dit Jeannette, n'a pas l'air de faire attention à vous...

JULIETTE.

Comment ?...

JOSEPH, *mystérieusement.*

Il a le cœur pris d'un autre côté... il fait la cour à madame.

JULIETTE.

A ma tante !...

JOSEPH.

Chut !... oui. — Je suis entré comme il lui faisait une déclaration.

JULIETTE.

Lui !... et ma tante ne s'est pas fâchée ?...

JOSEPH.

Non... c'est-à-dire si... elle s'est fâchée contre moi; mais à part ça, je ne peux pas vous dire...

JULIETTE.

Il aime ma tante... et ma tante l'aime aussi, sans doute. Je comprends tout maintenant... O mon Dieu! que je suis malheureuse!... Et j'aurais encore la faiblesse de songer à lui, de l'aimer !... Non, et pour commencer, je ne veux plus seulement le regarder. Je ferai l'aimable avec tout le monde, excepté avec lui. Ah! il veut épouser ma tante... eh bien! moi, j'épouserai M. Ernest.

JOSEPH.

Là... ça fait qu'il sera bien puni.

JULIETTE.

Certainement... de quoi te mêles-tu?

JOSEPH.

Moi, ça ne me regarde pas... Je dis seulement... (*Regardant par la fenêtre.*) Tenez, en parlant de M. Ernest, le voilà dans le jardin qui se promène bras dessus bras dessous avec M. Henri.

JULIETTE.

Eh bien! dis-lui de monter, et à M. Henri aussi... Va vite.
(*Seule.*) Mais comprend-on cela? ma tante qui ne m'avertit
pas... qui, ce matin encore... Elle ne le savait peut-être pas...
ce n'est peut-être que de ce matin que M. Henri s'est déclaré.
Oh! c'est égal, c'est affreux, et je veux me venger... Allons,
bon! voilà que j'ai encore les yeux rouges... qu'est-ce que
ces messieurs vont penser?... je ne peux pas dire que c'est la
mort de mon oncle... depuis quatre mois... Mon Dieu! mon
Dieu!... (*Frappée d'une idée.*) Ah!...

SCÈNE VI.

JULIETTE, HENRI, ERNEST.

ERNEST, *saluant.*

Mademoiselle, on nous a dit que...

JULIETTE, *avec des larmes dans la voix.*

Bonjour, monsieur Ernest.

ERNEST.

Comme vous paraissez émue... on dirait que vous avez
pleuré...

JULIETTE.

Je vais vous dire, monsieur Ernest... Vous savez ce joli petit épagneul que mon oncle m'avait acheté l'an dernier.

ERNEST.

Oui. Eh bien!

JULIETTE.

Eh bien! je ne sais pas comment cela s'est fait, car j'avais
bien recommandé à Joseph et à Jeannette d'y faire attention;
mais ce matin, quand je suis allée pour lui donner à manger,
qu'est-ce que j'ai trouvé? la cage toute grande ouverte.

ERNEST.

La cage de votre épagneul?

JULIETTE.

Non, de ma perruche... et plus rien dedans, la chatte l'avait dévorée.

ERNEST.

Votre perruche? je viens de la voir dans sa cage.

JULIETTE.

Mais qui est-ce qui vous parle de ma perruche?

ERNEST.

En effet, vous aviez d'abord parlé de votre épagneul.

JULIETTE.

Oui, monsieur, et je voulais vous dire que la chatte...

ERNEST.

La chatte a mangé l'épagneul?

JULIETTE.

Oui, monsieur... c'est-à-dire non...

ERNEST.

C'est l'épagneul qui a mangé la chatte.

JULIETTE, *impatientée*.

Mais non, monsieur... Mon Dieu, que vous êtes contrariant... vous ne voulez pas comprendre... c'est pourtant bien simple... enfin c'est pour vous dire qu'il ne faut pas vous étonner si j'ai du chagrin et... (*Fondant en larmes*) que du moment que vous m'aimez, je suis prête à vous épouser.

ERNEST, *stupéfait*.

Ah!... ah! mon Dieu! est-ce bien vrai, mademoiselle, ce que vous me dites-là?

JULIETTE.

Oui, monsieur Ernest, car je suis sûre que vous m'aimez bien.

ERNEST.

Ah! je vous en réponds, que je vous aime.

JULIETTE.

Et... (*Avec intention*) que ma tante ne s'opposera pas à notre mariage.

ERNEST.

Oui... votre bonne tante. (*A lui-même.*) Et ma mère, qui ce matin précisément voulait écrire... (*Haut.*) Ah! mademoiselle, si vous saviez le plaisir que vous m'avez fait... Quand ma mère saura... Vite je cours l'avertir...

JULIETTE.

Attendez donc, est-ce que vous ne voulez pas voir ma tante?

ERNEST, *allant prendre son chapeau.*

Si, plus tard... d'abord au plus pressé. Attendez-moi, je reviens. Ah! par exemple, si je m'attendais... Oh! les femmes!... (*Il sort en courant par la porte du fond.*)

SCÈNE VII.

HENRI, JULIETTE.

HENRI.

Vous venez de rendre ce garçon bien heureux, mademoiselle.

JULIETTE.

Vous croyez, monsieur Henri?

HENRI.

D'autant plus heureux qu'il ne comptait plus du tout sur le bonheur qui lui arrive. Je lui en avais touché quelques mots tout à l'heure dans le jardin.

JULIETTE.

Ah ! vous lui aviez parlé de moi ?

HENRI.

Oui. Je lui avais dit que votre tante m'avait parlé de votre mariage avec lui comme d'une chose qu'elle semblait désirer.

JULIETTE, *à part*.

C'était donc vrai ?... ma tante me trompait donc ?

HENRI.

Mais lui m'avait répondu que cela ne suffisait pas et qu'il voyait bien que vous ne vous décideriez jamais... Enfin, il semblait en avoir fait son deuil.

JULIETTE.

Eh bien ! monsieur, vous voyez qu'il avait tort.

HENRI.

Ainsi, c'est de votre plein gré que vous consentez à devenir sa femme ?

JULIETTE.

Mais oui, monsieur... car rien ne m'y force. (*Elle prend sa broderie, s'assied et travaille.*)

HENRI, *à part*.

C'est juste, je suis absurde. C'est que, vraiment, plus je la regarde... Je n'y avais pas encore fait attention... mais elle est charmante !...

JULIETTE.

Je vous demande pardon, monsieur, si je me mets à travailler ainsi devant vous, mais cet ouvrage est très pressé : ce sont des pantoufles pour ma tante.

HENRI.

Comment donc, mademoiselle, je serais désolé... d'ailleurs

cela n'empêche pas de causer... c'est très joli ce que vous faites là.

JULIETTE.

Vous trouvez ?

HENRI.

C'est tout à fait mignon.

JULIETTE.

N'est-ce pas ?... On dirait que c'est pour un pied d'enfant. — C'est qu'elle a le pied très petit, ma tante.

HENRI.

Mais le vôtre n'a rien à lui envier... pardon... *(Juliette cache ses pieds sous sa robe).*

JULIETTE.

Si vous voulez lire, monsieur Henri, voici des livres sur la table... ce sont pour la plupart des ouvrages classiques que vous devez connaître par cœur, Molière, Racine... mais si vous êtes comme moi, la conversation de ces grands peintres du cœur humain doit toujours avoir un nouveau charme pour vous.

HENRI.

Vous connaissez Racine et Molière par cœur ?

JULIETTE.

A peu près... et il y a certains de leurs ouvrages que je ne me lasse pas de lire. Tenez, *Andromaque,* par exemple, que je relisais ce matin...

HENRI.

C'est une de mes tragédies de prédilection. Nulle part on n'a mieux dépeint la passion et la douleur....

JULIETTE.

N'est-ce pas?... Pour moi, je ne saurais dire combien je trouve touchant le caractère de cette pauvre Hermione et combien j'en veux à ce méchant Pyrrhus qui la fait tant souffrir pour s'attacher à qui? à une femme veuve qui ne veut pas entendre parler de lui...

HENRI.

Mais Pyrrhus, lui aussi, est à plaindre.

JULIETTE.

Oh ! bien, je ne le plains pas du tout. D'abord je ne comprends pas qu'on devienne amoureux d'une femme veuve, surtout quand cette femme a autant aimé son mari et l'aime encore.

HENRI.

Ah !...

JULIETTE.

Par exemple, un personnage que je plains autant et plus encore qu'Hermione, c'est Oreste... car Hermione, au moins, est aimée de quelqu'un, et lui, Oreste, n'a absolument que l'amitié de son cher Pylade, qui se dévoue en vain pour lui... Comme il est beau dans l'expression de sa douleur, et comme on voudrait voir Hermione s'attendrir enfin pour lui!... Mais non, Hermione a beau faire, elle ne peut pas détacher son cœur de cet ingrat de Pyrrhus.

HENRI.

Décidément, vous en voulez beaucoup à cet ingrat de Pyrrhus.

JULIETTE.

Oui... autant que j'en veux à Hermione de ne pouvoir se défaire de sa faiblesse pour lui. Je voudrais la voir écouter un peu ce pauvre Oreste, quand il lui dit si bien :

Que de raisons pour moi si vous pouviez m'entendre !

Mais on ne commande pas à ses sentiments,

Et la raison n'est pas ce qui règle l'amour...

comme dit un des héros de Molière, encore un malheureux

épris, lui aussi, d'une femme veuve... (*Mouvement d'Henri*).
Mais pardon, monsieur Henri, je vous ennuie peut-être...
que je n'interrompe pas plus longtemps votre lecture.

HENRI.

Mais du tout, mademoiselle, j'ai le plus grand plaisir à vous
entendre, et la conversation de ces grands peintres, comme
vous dites, si harmonieuse qu'elle soit, me charmerait infini-
ment moins que la vôtre.

JULIETTE.

Oh! vous ne me ferez jamais croire cela...

HENRI.

Vous avez tort... (*Moment de silence.*)

JULIETTE.

Ne trouvez-vous pas que ma tante est bien longue à changer
de robe ?

HENRI.

Non... — Pourquoi donc ?

JULIETTE.

C'est que, probablement, elle veut se faire bien belle...
cependant elle n'en a pas besoin, elle est assez jolie pour se
passer de toilette.

HENRI, *distrait*.

Sans doute !... ainsi, mademoiselle, vous vous sentez vraiment une inclination pour Ernest... pardon, je commets là,
peut-être, une indiscrétion.

JULIETTE.

Pourquoi donc, monsieur ?... Vous avez bien le droit de
me demander cela, puisqu'on dit que vous allez devenir mon
oncle.

HENRI.

Comment !... Qui vous a dit ?...

JULIETTE.

Qu'importe, si c'est vrai ? N'est-il pas vrai que vous aimez ma tante et que ma tante vous aime ? Qu'y a-t-il d'étonnant à cela ?... — Ma tante est très séduisante.

HENRI, *après un silence.*

Je ne nierai pas le pouvoir de ses charmes. — Il faut qu'il ait été bien grand pour m'avoir empêché jusqu'à ce jour de vous remarquer. — Mais peut-être est-ce la faute de votre trop grande modestie.

JULIETTE.

C'est-à-dire que si j'avais fait avec vous plus de frais d'amabilité, vous auriez peut-être fait attention à moi, — mais, monsieur, je n'y tenais pas du tout...

HENRI.

Je le crois et quand je parle de votre modestie, c'est votre indifférence que je devrais dire.

JULIETTE.

Vous avez vu au contraire que ma tante était plus disposée à vous aimer, — et cela m'explique pourquoi elle désire mon mariage avec M. Ernest. Comme cela, il n'y a plus de risque que je vous enlève. — Oh !... elle avait bien tort et elle ne devait pas craindre de s'en ouvrir avec moi. D'abord elle a toujours été trop bonne pour moi et je ne voudrais pas lui faire de la peine... oh! non... et s'il eut fallu même sacrifier mon bonheur pour le sien...

HENRI, *à part.*

Ce trouble, cette émotion... (*haut.*) Mademoiselle, êtes-vous bien certaine que votre tante m'aime ?

JULIETTE.

Mais... vous devez le savoir mieux que moi. Pourquoi me demandez-vous cela ?...

Henri.

C'est que... mon Dieu ! je ne sais pas comment cela se
fait. — Il y a cinq mois, j'aimais votre tante à en perdre la
raison...

Juliette.

Lorsque mon oncle vivait encore ? (*naïvement.*) Mais il y
avait pourtant alors un obstacle.

Henri.

C'est bien cela... c'est ce qui fait que j'étais si épris. Quand
j'ai su la mort de votre oncle, quand j'ai pu concevoir l'es-
pérance de devenir un jour l'époux de celle que j'aimais, mon
premier sentiment, je l'avoue, a été une grande joie. Je me
suis senti comme soulagé d'un poids énorme, il y avait déjà
quelque chose de moins dans ma passion, c'était le désespoir.
Aussi votre tante, ce matin en me revoyant, a-t-elle trouvé
dans mes traits un heureux changement. En effet, la fièvre
avait disparu et j'avais recouvré assez de calme pour réfléchir...
Mais à quoi bon vous ennuyer de tous ces détails ?... — Que
vous dirai-je ? — Que si votre tante m'aime en effet et me
rappelle un jour mes serments de ce matin, je suis prêt à lui
sacrifier ma vie, mais alors il faudra qu'elle consente à se
séparer de vous, car en vous voyant, en songeant au bonheur
qui a passé devant moi et que j'ai laissé échapper, je serais
trop malheureux !

Juliette.

Que dites-vous ?...

Henri.

Je dis que j'ai été aveugle, insensé, et que j'ai bien mérité
ce qui m'arrive. Vous auriez pu m'aimer, vous m'aimiez peut-
être, et j'ai creusé entre nous un abîme.

Juliette.

Taisez-vous, monsieur !... Si ma tante vous entendait...

SCÈNE VIII.

LES MÊMES, Mme DE LORMENIL, *entrant par la porte de droite.*

MADAME DE LORMENIL.

Elle a tout entendu.

JULIETTE et HENRI.

Ciel !...

HENRI.

Qu'ai-je fait !

MADAME DE LORMENIL.

Et c'est elle qui vient rendre à M. Henri ses serments qu'elle entendait bien, du reste, ne jamais lui rappeler, comme il s'en convaincra tout à l'heure, et te dire à toi, Juliette : Tu as méconnu le cœur de ta tante si tu as pu croire un instant qu'elle voulait autre chose que ton bonheur. Je savais que tu aimais M. Henri...

HENRI.

Serait-il vrai !...

MADAME DE LORMENIL.

Et M. Henri s'était épris pour moi d'une passion romanesque qui avait, comme il te le disait tout à l'heure, pour principal élément, pour seule cause peut-être l'obstacle qui nous séparait à jamais. Tu avais en moi une rivale trop redoutable, car tu pouvais être tout au plus l'idéal, moi j'étais l'impossible. J'ai donc voulu égaliser les chances : je suis descendue du sommet inaccessible où me plaçait ma qualité de femme mariée et aimant son mari, et je suis venue me mettre sur le même rang que toi, afin que M. Henri pût mieux voir et comparer. Pour en arriver là, j'ai dû recourir à une ruse bien condamnable sans doute, puisqu'il m'a fallu feindre une douleur qui n'existait pas et te forcer à pleurer un oncle qui n'est pas mort.

HENRI.

Comment !

JULIETTE.

Quoi! ma tante, mon oncle...

MADAME DE LORMENIL.

Non, mon enfant... il m'en a coûté de te faire à toi-même
ce mensonge, en te recommandant le secret, ainsi qu'à
M. Henri; c'est ton oncle lui-même qui l'a voulu, de peur
que tu ne vinsses à déranger notre plan.

HENRI.

Ah! madame, je m'explique maintenant votre toux obsti-
née de ce matin, vos doléances, votre emportement contre
Joseph, enfin tous vos efforts pour me déplaire. Ah! que
vous êtes bonne, madame, et que j'avais raison de vous aimer!

JULIETTE, *à part, avec frayeur.*

Eh bien! voilà qu'il recommence!...

MADAME DE LORMENIL.

Mais j'espère bien que vous m'aimerez toujours, monsieur
Henri; c'est le devoir d'un neveu d'aimer sa tante, comme
celui d'une femme est d'aimer son mari.

JULIETTE, *frappée d'un souvenir.*

Ah! mon Dieu!...

MADAME DE LORMENIL *et* **HENRI.**

Quoi donc ?

JULIETTE.

M. Ernest, à qui j'avais promis ma main... que va-t-il dire ?

HENRI.

C'est vrai... le pauvre garçon !

JULIETTE, *d'un air soupçonneux.*

Prenez garde, monsieur, si vous le plaignez trop, je croirai
que vous regrettez...

HENRI.

Oh! une pareille idée... mais le voilà...

———

SCÈNE IX.

LES MÊMES, ERNEST.

ERNEST.

Mademoiselle, pardonnez-moi, mais je ne sais comment
vous dire...

JULIETTE.

Quoi donc? Parlez.

ERNEST.

Je pensais arriver à la maison assez tôt pour que ma mère
n'eut pas encore envoyé une lettre dans laquelle elle deman-
dait pour moi la main d'une de mes cousines... et la lettre
était partie...

JULIETTE, *étourdiment.*

Ah! tant mieux!...

ERNEST.

Hein?...

JULIETTE, *souriant.*

Oh! pardon...

ERNEST, *à lui-même.*

La langue lui aura tourné. (*Haut.*) Et à propos de lettre,
en voici une que Joseph m'a chargé de vous remettre, madame.

MADAME DE LORMENIL, *après avoir lu.*

Que vois-je!... ton oncle arrive aujourd'hui même... il sera
ici presque aussitôt que sa lettre (*A Juliette.*) Allons au devant de lui. Ton bon oncle... sera-t-il heureux de te revoir!

JULIETTE.

Et moi donc... après l'avoir tant pleuré !... Et vous, monsieur, qui vous êtes réjoui un moment de sa mort.

HENRI, *lui prenant la main.*

Je vais le remercier de m'avoir rendu la vie.

MADAME DE LORMENIL.

Ce n'est pas sans peine !

JULIETTE, *bas à sa tante* (1).

Dis donc, ma tante, est-ce que tu le crois bien réellement guéri ?

MADAME DE LORMENIL , *l'embrassant sur le front.*

Cela dépendra de toi maintenant, mon enfant.

ERNEST, *regardant Juliette.*

C'est qu'elle est adorable, et plus je la regarde... (*à Henri, d'un air contraint*). Tu as de la chance, toi, hein ! J'espère que tu es heureux, mon gaillard...

HENRI.

Mais le même bonheur t'attend... ne vas-tu pas aussi...

ERNEST.

Oui, sans doute... je vais aussi...

HENRI.

Alors dis que nous sommes heureux.

ERNEST, *avec une douleur comique, en tirant son mouchoir.*

Comment donc ! mais j'en pleure de joie.

(1) Ernest, Henri, Mme de Lormenil, Juliette.

FIN DU DEUXIÈME ET DERNIER TABLEAU.

A M. Boissonade de Fontarabie.

HERCULE.

ALLÉGORIE.

Déjà sa valeur surhumaine
Et ses prodigieux travaux
Avaient rendu le fils d'Alcmène
Célèbre entre tous ses rivaux.

Mais lorsque ses succès sans nombre
Partout le faisaient redouter,
Lui seul, mélancolique et sombre,
De sa gloire semblait douter.

Quand l'enthousiasme et la joie
Partout brillaient autour de lui,
Lui seul on le voyait en proie
A l'inquiétude, à l'ennui.

D'où venait donc cette humeur noire ?
D'où venait ce chagrin profond ?...
Au milieu de toute sa gloire,
Au héros il manquait un nom !...

Il connaissait sa noble mère ;
Mais fruit de secrètes amours,
Son vrai nom, le nom de son père,
Hercule l'ignorait toujours.

Un soir qu'il partait en campagne,
Sa tendre mère, avec émoi :
« O mon fils, un dieu t'accompagne,
» Dit-elle, ; il veillera sur toi.

» Courage, tes succès peut-être
» Mettront un terme à notre ennui ;
» Ton père se fera connaître,
» En te voyant digne de lui.

» Son nom, hélas ! je dois le taire.
» Qu'il te suffise de savoir
» Qu'à nul autre que lui ta mère
» N'eût sacrifié son devoir.

» Il est si grand qu'on ne peut craindre
» Que de ta gloire il soit jaloux ;
» Jusqu'à lui tu ne peux atteindre,
» Mais tu peux l'attirer à nous ! »

Ayant dit, elle embrasse Hercule,
Qu'enflamme une nouvelle ardeur.

. . . .

Déjà partout le bruit circule
De ses prodiges de valeur.

. . . .

. . . .

Soudain, au milieu d'un nuage,
Mercure apparaît radieux,
Et pour entendre son message,
Le peuple accourt tumultueux.

. . . .

Les éclairs brillent, l'encens brûle,
Mille chants résonnent dans l'air.

. . . .

Enfin le monde apprend qu'**Hercule**
Était le fils de **Jupiter**.